Los otros cuentos de Inés

Editora Social y Cultural, S.L.
Costa Brava, 6
28034 Madrid (España)
Tel.: 91 431 92 05
Fax: 91 576 90 53
sc@fomento.edu
www.editora-sc.es

Los otros cuentos de Inés para el curso de 5 años de Educación Infantil, del proyecto *El Baúl Mágico*, es una obra colectiva concebida, diseñada y creada por ESC.
En su elaboración han intervenido los profesionales que se mencionan a continuación.

Dirección editorial:
Ana Rueda Roncal

Coordinación editorial:
Dolores Rodríguez Fraile

Coordinación de producción:
José Luis Varea Perdiguer

Diseño de cubierta e interior:
Koldo Fuentes

Cuentos:
**Elvira Menéndez y
José María Álvarez**

Ilustración:
Carmen Martín Ortega

Impresión:
Gráficas Muriel
Buhigas, s/n, Políg. Ind. El Rosón
28903 Getafe (Madrid)

© Editora Social y Cultural, S.L., 2008

ISBN (Obra completa): 978-84-8077-388-1

ISBN (Los otros cuentos de Inés): 978-84-8077-392-8

Depósito Legal: M-13980-2008

No está permitida la reproducción total o parcial de este libro, ni su tratamiento informático, ni la transmisión de ninguna forma o por cualquier medio, ya sea electrónico, mecánico, por fotocopia, por registro y otros métodos, sin el permiso previo y por escrito de Editora Social y Cultural, S.L.

Índice

1. Inés vuelve al colegio 5
2. Un árbol de otoño 9
3. La familia de Inés 13

4. Una carrera de saltos 17
5. Un perro en casa 21
6. El autobús volador 25

7. El saco de semillas 29
8. Una fábrica de galletas 33
9. Vivir en la ciudad 37

1. Inés vuelve al colegio

Inés, la brujita, se despertó al oír los besos que le lanzaba su despertador mágico. En vez de levantarse, se entretuvo estallando las pompas que caían de la lámpara. Bisbís, su gata, entró en la habitación, dejó el cepillo y el tubo de la pasta de dientes sobre la cama, y dijo un poco enfadada:
—¡Eres una dormilona y vas a llegar tarde al colegio, Inés! ¡Le voy a decir a tu madre que voy a dejar de ser tu cuidadora!

La casa de Inés estaba en lo alto de un árbol y tenía un tobogán mágico para subir y bajar. Pero, Inés prefería volar y, después de desayunar, cogió la mochila con sus libros, montó a caballo en su paraguas negro y salió volando como una flecha en dirección al cole.

Entró por la ventana y aterrizó en el pasillo.
—¿Por qué no entras por la puerta como todo el mundo, Inés? —le preguntó la señora de la limpieza.
—¡Es que se me ha hecho tarde y la conserje ha cerrado la puerta! —contestó la brujita.

«Toc, toc», sonaron unos golpes en la ventana.
—¡Es un gato! ¡Un gato volador... y quiere entrar! —dijeron los niños.
—Es mi gata Bisbís y ha venido a traerme el bocadillo, que se me ha olvidado —explicó Inés—. ¿Puedo abrirla?
—Sí —respondió la profesora—. ¡Estas cosas nos pasan por tener a una brujita en clase!

2. Un árbol de otoño

Un domingo por la mañana, Bisbís entró en la habitación de las niñas y dijo:
—Poneos estas batas voladoras, que ya estamos en otoño y hay que recoger los últimos higos maduros antes de que se los coman los pájaros.
—Primero tenemos que lavarnos —dijo Inés.

Como cada mañana, Inés y sus hermanas se metieron en el lago y se ducharon en la cascada.

—¡Esto es más divertido que una bañera! —decían las niñas muertas de risa.

Después de jugar un rato con los peces, se sentaron en el tobogán ascensor y subieron a la casa del árbol a desayunar y vestirse.

Las tres niñas se pusieron las batas.
—¡Oh! ¿Qué es este polvo brillante que desprenden, Bisbís? —preguntó Inés.
La gata, sin dejar de lamer su plato de leche, contestó:
—¡Es polvo de estrellas! Se lo he echado a las batas para que podáis volar sin escoba.
—¡Va a ser muy divertido! —dijeron las niñas.

Gracias a que las batas les permitían volar de rama en rama, las tres brujitas recogieron tantos higos que la cesta pesaba demasiado y no podían con ella.

A Inés se le ocurrió darles unos pocos a los pájaros y a los peces.

—Has hecho bien, Inés —dijo Bisbís—. Hay que cuidar y proteger a los animales.

3. La familia de Inés

Inés, la brujita, estaba un poco triste.
Se acercaba la Navidad, su familia estaba de viaje y la echaba de menos.
—¿Tú crees que estarán de vuelta antes de Navidad, Bisbís?
—No te preocupes, si no pueden volver a tiempo lo celebraremos tú y yo, Inés.

El día de Nochebuena por la mañana, Inés se sentó en su rama favorita de la higuera. Cuando estaba triste se acomodaba allí y balanceaba las piernas mientras pensaba en sus cosas.

A Inés se le llenaron los ojos de lágrimas.

Ya era seguro que su familia no podría estar de vuelta antes de Nochebuena.

De pronto, vio algo que llamó su atención.
En el cielo, unas nubes se desplazaban muy deprisa, como si alguien las empujara.
Envuelto en la primera nube, venía... ¡un trineo tirado por renos! ¿Sería Papá Noel?
—¡No es Papá Noel! ¡Es mi papá! —exclamó Inés—. ¡Y mamá y la abuela y mis hermanos!

Estaban todos tan contentos que no paraban de abrazarse y darse besos.
¡Ya está bien de zalamerías! —intervino la abuela Manuela—. ¡Venga, a poner la mesa, que hoy es Nochebuena y aquí hay mucho que cantar y celebrar!

4. Una carrera de saltos

Un día, en la clase de gimnasia, la señorita Julia les dijo a los niños:
—Mañana es la fiesta del colegio y habrá carreras de sacos. ¡Vamos a practicar!
Fue una clase divertida: se chocaban unos contra otros, se caían, se pisaban... Todo eran carcajadas:
—¡Ja, ja, ja! ¡Ji, ji, ji!

En el recreo, Rodrigo le preguntó a Inés:
—¿Tienes algo divertido con qué jugar?
—Sí, estas canicas mágicas. Si te metes una en el bolsillo, puedes saltar por encima de las flores.
—¿Y si me meto dos?
—Por encima de la canasta de baloncesto.
Sonó el timbre y los niños olvidaron las canicas en el suelo. Tres compañeros las recogieron y se las guardaron en sus babis para devolvérselas.

Al día siguiente, durante la carrera de sacos, una niña se subió al tejado de un salto, otra a la antena de televisión y un niño al aro de la canasta de baloncesto.

—Creo que es por culpa de mis canicas mágicas —dijo Inés—. Pero no se preocupe, señora directora, que yo los bajaré de donde están con mi escoba mágica.

—Se nos olvidó devolverle las canicas a Inés. ¡No sospechábamos que eran mágicas! —dijeron los tres niños.
—No os preocupéis; un olvido lo tiene cualquiera —les tranquilizó la directora—. Ahora, vamos a repetir la carrera.

5. Un perro en casa

Un día en que Inés y sus hermanos volvían volando del colegio...
—¡Mirad! —gritó Inés.
—¡Oh! —exclamó Margarita—. Es un perro abandonado. ¿Por qué no nos lo quedamos?
—¡Sí, lo llamaremos Pirracas! —dijo Inés—. Aunque a lo mejor papá y mamá no quieren.

—¡Por favor, papá, mamá, dejad que nos quedemos con el perrito! —suplicaron los niños.
—No es tan sencillo —dijo mamá.
—Bueno... Nos lo quedaremos si demostráis que sois capaces de cuidarlo bien entre todos —dijo papá.

Mientras los trillizos bañaban al perro con estropajo y jabón, las niñas le construyeron una caseta con tablas.

—Vamos a hacer turnos para cuidar a Pirracas —dijo Azucena—. Unos le traerán la comida y otros lo sacarán dos veces al día para que haga sus necesidades.

Los trillizos estaban tan contentos con Pirracas que le dieron un montón de caramelos.

Y Pirracas amaneció malito.

«No nos van a dejar quedarnos con él», pensaron los niños.

—Eso de darle golosinas no ha estado bien, pero podéis quedaros con él si prometéis cuidarlo como es debido —dijo papá.

—¡Gracias! Lo cuidaremos muy bien y le enseñaremos a volar.

6. El autobús volador

La brujita Inés había salido de excursión con sus compañeros de clase.

—¡Eh! ¡Mirad todos! ¡Un perro que va por el aire! —exclamó Luis, uno de sus compañeros.

—Es Pirracas —explicó Inés—. Me olvidé de la mochila y ha venido a traérmela.

—¡Qué cómodo es tener un perro que te trae las cosas que se te olvidan! —dijo Daniel.

El autobús se estropeó y las profesoras llevaron a los niños a un área de descanso para que jugasen. Como no eran capaces de arreglarlo, Inés le dijo a Pirracas:

—Quiero que le lleves este mensaje a Bisbís. Bisbís: nuestro autobús se ha estropeado y necesitamos ayuda para salir de aquí.

Al rato, llegó la gata y los hizo subir a todos.
—¡Agarraos bien, que vamos a despegar! —gritó mientras espolvoreaba el autobús con polvo de estrellas.
El autobús comenzó a elevarse. El conductor de un helicóptero de la policía que pasaba por allí, llamó, asustado, a la base:
—Estoy viendo un autobús, lleno de escolares que... ¡vuela! Corto y cambio.

Y cuando el autobús aterrizó en el colegio...
—Sé que es difícil de creer —explicó la directora al policía—. Pero resulta que tenemos a una brujita en el colegio y...
—¿Quiere hacerme creer que han llegado volando?
—Pues... sí.

7. El saco de semillas

La abuela Manuela le había pedido ayuda a Inés para cuidar del jardín, pero la niña se entretuvo cazando mariposas con Pirracas.
—Inés, dijiste que ibas a ayudarme.
—Abuela, perdona, pero esto de la jardinería me parece muy cansado.
Entonces, la abuela le contó un cuento.

—Escucha, Inés:
Érase una vez una princesa muy inteligente. Todos los príncipes de los reinos vecinos querían casarse con ella pues, además de inteligente y bella, era muy rica. Pero la princesa los rechazaba a todos. Hasta que un día dijo: «Prometo que me casaré, dentro de un año, con el joven, sea príncipe o no, que me traiga el mejor tesoro de la tierra.»

Al año, se presentaron tres príncipes: uno traía un cofre de perlas, otro un barco lleno de diamantes y el tercero un saco con semillas de todas las partes de la tierra.
¿A quién crees que escogió la princesa, Inés?

—¿Al... del barco de diamantes?
—No, Inés, escogió al del saco de semillas.
—¿Por qué? —preguntó Inés.
—Porque las semillas son el mejor de los tesoros. Ni el oro ni los diamantes se pueden comer, pero de las plantas se sacan toda clase de alimentos. Tampoco te puedes hacer un vestido sólo con oro o perlas porque sería muy incómodo, pero sí con plantas como el algodón o el lino...

8. Una fábrica de galletas

Una mañana, la brujita Inés tuvo que echar polvo de estrellas a su patinete volador para que corriera más que nunca. Quería llegar a tiempo al colegio porque esa mañana iban de visita a una fábrica de galletas.
—¡Con lo que me gustan las galletas! ¡Huuum!

En la fábrica, fueron muy simpáticos con los niños y les dieron a probar toda clase de dulces, pastas, bollos y galletas.
El cocinero les explicó que muchos dulces llevan huevos.
—¡Mi tío tiene una fábrica de huevos!
—¡Ja, ja, ja! Los huevos no se fabrican, Antón, los ponen las gallinas —aclaró la profesora.

—Señorita, ¿podemos hacer una merienda para nuestros padres el día de la fiesta del colegio? —preguntaron los niños.
—Sí, pero tendréis que preparar un menú frío.
Los niños no se pusieron de acuerdo en el menú y cada uno llevó lo que le pareció: caramelos, sardinas, chorizo, pasteles...

El día de la fiesta a los alumnos les salieron unos platos muy extraños: ¡canapés de sardinas con mermelada...!, ¡chorizo con caramelos!...

—Antes de cocinar, hay que pensar —dijo Dolores, la directora, a los niños.

—¡Ha sido una merienda inolvidable! —dijeron los padres muertos de risa.

9. Vivir en la ciudad

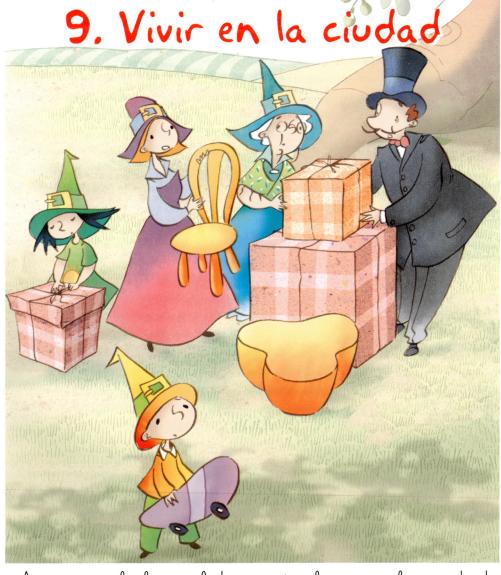

—A mamá le ha salido un trabajo en la ciudad. Es importante para ella... así que, nos mudamos —dijo un día papá Pitu.
El día de la mudanza, Inés y sus hermanos se marcharon llorando de su casa del árbol.
—¡Qué pena! Nunca volveremos a tener una casa así —decían.

Los primeros días, a Inés y a sus hermanos les costó trabajo acostumbrarse a vivir en un piso. Además, sus padres les habían prohibido hacer magia para no asustar a los vecinos del edificio donde vivían.

—¡Qué aburrido es vivir en la ciudad! —se quejaba la brujita—. ¡Ni siquiera se puede salir por la ventana a tirar la basura!

Pero el primer fin de semana, sus padres les llevaron al teatro. Inés y sus hermanos, que era la primera vez que veían una función de guiñol, lo pasaron muy bien.
—Mañana, domingo, iremos al parque de atracciones y la semana que viene al zooológico.
—¡Qué bien!—exclamaron los niños.

Un mes después, papá los reunió en el salón:
—Niños, veo que os habéis acostumbrado a vivir en la ciudad —dijo—. Pero pasaremos las vacaciones de verano en la casa de la higuera.
—Da igual dónde vivamos, lo importante es que estemos juntos y seamos felices —añadió mamá.